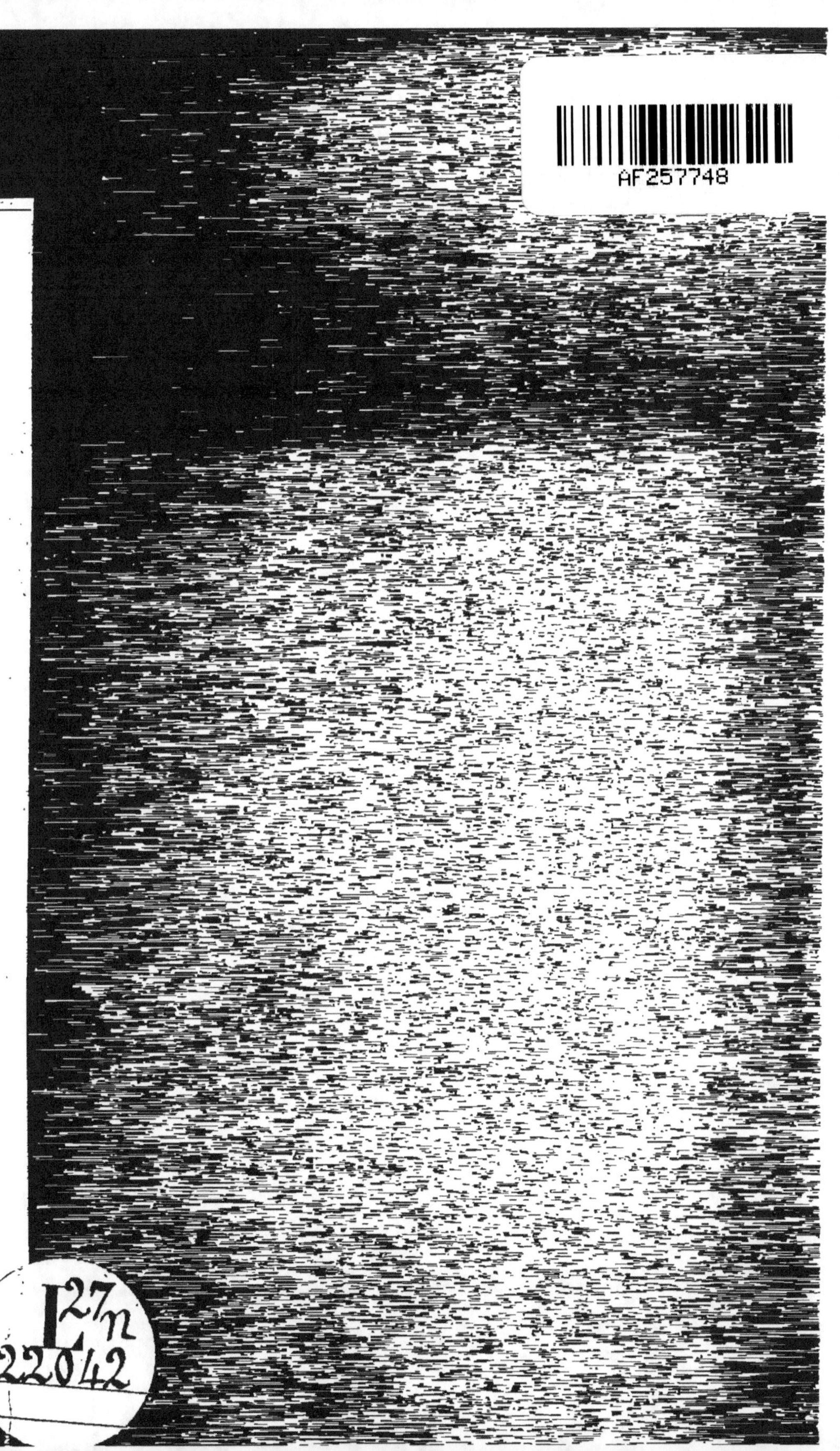
AF257748

ABBAYE DE LIESSIES.

—

NOTICE

sur

DON ETTON LARIVIÈRE

RELIGIEUX DE CETTE MAISON.

—o-∞-o—

Au milieu du siècle dernier, vivait au bourg d'Iwuy, près de Cambrai, une honnête famille du nom de Larivière. Le père et la mère, d'une modeste aisance et d'une grande foi, voyaient se réunir chaque jour en précieuse couronne autour de leur table, trois fils nommés Etton, Jean-Baptiste et Henri. Pleins de santé, d'une belle et forte constitution, laborieux cultivateurs, mais surtout héritiers des vertus paternelles, ces jeunes gens comblaient de joie leurs parents heureux et fiers d'une telle descendance. Etton, né en 1758, possédant au suprême degré les qualités que nous venons d'énumérer, se distinguait encore au milieu de ses frères, par son goût pour la science et son ardeur au service de Dieu. Quand l'heure de choisir une carrière eut sonné, nul ne s'étonna de le voir préférer l'état religieux aux brillantes positions qui s'offraient à ses rares qualités et faisaient miroiter à ses yeux l'appat séduisant des plus beaux succès. Il se mit donc à la recherche de l'abbaye où l'on pratiquait au plus haut degré les vertus monasti-ques, et il trouva qu'aucune ne valait mieux que celle de Liessies. C'était un monastère de l'ordre des Bénédictins rasés, bâti près d'Avesnes, sur les bords de l'Helpe majeure, où l'on conservait les reliques de Saint-Etton, et auquel notre religieux semblait avoir été voué dès son baptême.

Ce ne fut pas sans une grande émotion que ses père et mère le virent disposé à quitter une famille qu'il édifiait et à laquelle il pouvait rendre de si importants services selon le monde. Lui-même, n'aurait pu se séparer des auteurs de ses jours, s'il ne leur eût laissé deux dignes frères, capables de les dédommager un peu de son absence. Après mille obstacles vaincus, mille objections réfutées, mille adieux faits et renouvelés, on le vit un matin, accompagné de son frère Jean-Baptiste, se dérober aux embrassements, aux larmes de sa famille et de ses amis d'enfance, seul joyeux au sein d'une affliction générale, et se diriger vers Liessies qu'il appelait de tous ses vœux.

Si son départ fut un deuil pour Iwuy, son arri-vée fut une fête pour Liessies, où il rendit en pro-grès ce qu'il recevait en leçons, et en vertus ce qu'il recevait en exemples. Il y passa par tous les ordres sacrés, et fut sans peine élevé au sacerdoce.

Sa vie, comme celle de ses frères en religion, était simple et frugale ; il n'y avait jamais qu'un plat de viande et un de légumes sur la table autour de laquelle régnait constamment une sobriété exemplaire. Le mobilier de sa cellule se compo-sait d'un lit, de deux chaises, d'une table, de quelques livres et d'objets de piété placés sur les encadrements, soit de la porte, soit de la chemi-née. Une circonstance digne de remarque, c'est que malgré l'aisance et les vingt-six religieux de l'abbaye, l'inventaire dressé par la Révolution ne portait que six miroirs.

Dom Etton, tout en suivant l'ordre de la maison, avait réglé, de la manière la plus convenable, ses heures de prières, d'étude et de travail. Après la chapelle, le local qu'il affectionnait le plus était la bibliothèque dont il se plaisait à feuilleter les six mille in-folios, les trois mille autres volumes imprimés, et les deux cent trente précieux manuscrits. Quand, au sortir de l'étude ou des exercices, le devoir ou la charité n'appelaient pas au milieu de ses frères notre religieux à l'humeur conciliante et pieusement enjouée, il se livrait à la culture des fleurs dans un parterre où il admirait la rareté exotique s'épanouir à côté de la rose et de l'anémone.

— On lisait çà et là, sur la clôture grillée de son jardin, des passages de l'Ecriture Sainte, relatifs aux plantes et unissant au parfum des fleurs celui de la plus suave piété.

C'est ainsi que Dom Etton laissait couler sa vie paisible et occupée dans une vallée que son délicieux aspect fit nommer *La Riante*, lorsque l'orage révolutionnaire vint gronder sur le pieux asile. Sinistres précurseurs de cet orage, les membres du district d'Avesnes, allèrent le 9 août 1790, dresser l'inventaire de l'Abbaye, dans laquelle ils rencontrèrent vingt-six religieux, dont dix-neuf avaient reçu les ordres sacrés.

Dom Etton, le dernier et le plus jeune des prêtres, n'avait que trente-deux ans. Requis, par ordre du gouvernement, d'expliquer si son intention était de rester dans le monastère ou d'en sortir, il répondit nettement qu'il voulait vivre et mourir selon les vœux qu'il avait faits.

Ce n'était pas ce que demandait l'avide révolution; elle voulait des apostats, afin de pouvoir déclarer que, les religieux abandonnant leurs maisons, les biens délaissés par eux lui revenaient tout naturellement par droit d'aubaine. C'eût été moins infamant que de les saisir contre tous droits divins et humains. Comme chaque religieux avait formulé la même déclaration, un nouveau récolement et de nouvelles propositions eurent lieu le trente-et-un décembre suivant, mais avec le même insuccès.

Le 28 janvier 1791, les officiers municipaux de Liessies vinrent à leur tour renouveler la demande du gouvernement sur les intentions des religieux. Voici quelle fut la réponse écrite et signée par notre bon prêtre : « Dom Etton Larivière, reli» gieux de l'abbaye de Liessies, déclare qu'il dé» sire observer dans ladite maison tant qu'il lui » sera possible, les vœux qu'il a faits à Dieu et la » règle qu'il a embrassée sous l'autorité de l'Eglise » et la protection du gouvernement.

» En foi de quoi il a signé

» Dom Etton Larivière. »

Ainsi, le saint prêtre, choisissait de préférence à la défection, l'exil avec ses misères, la perspective du martyre avec ses douleurs. Le courage du jeune religieux soutint-il celui de ses frères ou n'en fut-il qu'un partage ? Nous ne saurions le décider. Ce qu'il y a de certain, c'est que pas un des religieux de Liessies ne faillit à ses engagements sacrés. Mais qui dira les sanglots de Dom Etton, lorsque au printemps suivant, exilé par les ravisseurs, il dut abandonner sa chère cellule? Quels adieux il adressait à ses frères et à son abbé au milieu desquels il était comme Saint-Jean auprès des apôtres et de Jésus? Qui dira de quels gémissements il faisait retentir les cloîtres, de quels pleurs il arrosait les sentiers en s'éloignant de cette oasis? Combien de fois il s'arrêta pour tourner ses regards vers ces parcs, ces jardins, ces prés, ces pièces d'eau, cette église, ces clochers déjà muets, et à l'ombre desquels il descendait si heureusement le fleuve de la vie? Qui dira les déchirements de son cœur lorsqu'il jeta un dernier regard sur le cimetière sanctifié par tant de pieuses dépouilles, au milieu des-

quelles il espérait attendre en paix le grand jour
de la résurrection générale? Incapable de s'arra-
cher subitement à des lieux si chers, le saint religieux erra quelquesjours autour de Liessies, renou-
velant à chaque instant des adieux qu'il disait toujours être les derniers C'était la fidèle et laborieuse
abeille, revenant voltiger et bourdonner autour
de sa ruche envahie par les frelons.

Vers quel point de l'horizon va-t-il enfin diriger
ses pas? Le voilà rejeté dans un monde qu'il envi-
sage comme une mer orageuse? Se rendra t il
dans sa famille? Oh! qu'il lui tarde d'aller em-
brasser son père, sa mère, ses jeunes frères, pour
les consoler et se consoler avec eux! Avec quelle
tendresse il est reçu dans cette famille qui ne sait
si elle doit pleurer de tristesse ou de joie, tant les
cœurs sont agités de sentiments divers? Cepen-
dant, l'implacable révolution exige des prêtres un
serment qui blesse leur conscience en les sous-
trayant à la houlette du suprême pasteur sur la
terre. Entre son devoir et la proscription ou la
mort, Dom Etton ne saurait balancer; il refuse
héroïquement; et, voyant la vigne du Seigneur
dévastée, il se met à la parcourir, afin d'y réparer
la nuit les dommmages que l'ennemi cause le jour.

Il prit le village de Viesly pour un des princi-
paux théâtres de ses travaux; il y fut ardemment
secondé par Marie Foulon, jeune institutrice de la
paroisse, et par Catherine Canonne, compagne insé-
parable de Marie. Ces deux intrépides jeunes filles,
dont la seconde n'avait pas dix-huit ans, se dégui-
saient tantôt en marchandes, et tantôt en ouvriè-
res des champs. Chargées, selon les circonstances,
de paquets de chicorée, d'une rasette, d'un rateau,
d'une faucille, elles éclairaient la marche du saint
prêtre, et portaient sur elles le très Saint-Sacre-
ment jusqu'aux environs du Cateau. Enfin, Dom
Etton, spécialement recherché, ne peut plus résis-
ter aux poursuites; il s'arrache une seconde fois
des bras de sa famille éplorée, il salue le toit pa-

ternel qu'il ne reverra plus ; et, appuyé sur le bâton de l'exilé, il se dirige vers la Belgique.

Peu de temps après, le 28 juillet, les Autrichiens s'emparent de Valenciennes. De pieux fidèles, des malades, des blessés, des expatriés, des religieuses revenues dans leurs asiles, implorent les secours divins. Dom Etton ne prend conseil que de son zèle pour la gloire de Dieu et de sa charité pour le prochain ; il vient en toute hâte soulager ceux qui l'appellent. Quelques-uns même qui naguère, les armes à la main, lui fermaient l'entrée de la patrie, implorent et reçoivent de lui les bienfaits de la religion. Il officie dans les églises, hélas déjà profanées par le schisme ou dévastées par l'impiété, mais qu'il a réconciliées. Les journées se passent dans les confessionnaux, et les nuits au chevet des mourants. Une année s'était écoulée dans les occupations d'un zèle infatigable, quand les Français rentrèrent dans Valenciennes le 27 août 1794.

Valenciennes reconquise vit arriver dans ses murs deux membres de la Convention, Lacoste et Roger Ducos, qui, entourés d'hommes vils et sanguinaires, s'empressent à l'envi, de dresser des listes de proscription. Les arrestations commencent dès la nuit du 1er septembre, et font jeter dans les prisons improvisées plus de mille personnes tant de la ville que du dehors ; on a soin d'y envelopper la presque totalité des religieuses et des prêtres restés dans les murs. Pour juger de prétendus délits, une commission militaire est nommée par les représentants du peuple. Elle condamne à mort soixante-sept victimes qui n'avaient à se reprocher qu'une trop grande confiance dans leur innocence et dans le gouvernement républicain.

Dom Etton Larvière qui s'est soustrait aux premières arrestations, n'ignore pas sa destinée, s'il est découvert. La mort de son frère, guillotiné à cause de lui sur la place de Cambrai (1), ne laisse

____

(1) Jean-Baptiste LARIVIÈRE.

Jean-Baptiste Larivière, frère de Dom Etton,

aucun doute à cet égard. Mais le sentiment de sa propre conservation ne peut le décider à quitter les maisons encombrées de blessés et de malades qui invoquent son ministère. D'ailleurs, comment son ingénuité se figurerait-elle que des Français voulussent enlever la vie à des frères dont le crime est de se retrouver sur le sein maternel de

---

vint un jour à Cambrai, avec la voiture et les chevaux de sa famille, faire des transports pour la République. Quand les autres cultivateurs, requis avec lui, eurent terminé la besogne imposée, ils se hâtèrent de retourner chez eux, pressant Jean Baptiste de les suivre, lui assurant qu'il courait de grands dangers s'il restait. Le digne jeune homme voulait préserver sa famille de tout mauvais soupçons de la part des révolutionnaires ; il montra du patriotisme, et resta quelques jours de plus au service de la République. Pendant ce temps, un dénonciateur informa le club cambraisien que Jean-Baptiste avait un frère prêtre et insermenté. L'infortuné jeune homme fut enformé au Carré-de-Paille ; on confisqua au profit du délateur la voiture et les chevaux, on accusa l'innocente victime d'entretenir avec son frère des relations que rien ne démontrait. Au commencement de février 1794, Jean-Baptiste Larivière fut condamné à mort et exécuté sur la place de Cambrai.

Henri Larivière, le plus jeune des trois frères, était comme eux, d'un physique agréable, d'une belle taille, d'une forte constitution, et plus encore, d'une très-grande vertu. Il adoucit de son mieux les amertumes de ses parents, et fut secondé par tout le village qui partagea leur douleur, comme il partageait leur affection et leur estime pour ces bons jeunes gens. Marié dans la suite, Henri eut une enfant du nom de Marie-Joseph, laquelle épousa M. Désiré Lemaire, de Naves, et alla résider dans ce village, où elle donna le jour à une fille.

la patrie, après l'avoir fui pour éviter la mort? Se déciderait on à enlever la vie du corps à celui qui ne vise qu'à procurer celle de l'âme? Voit-on faire descendre au tombeau celui qui fait monter les autres au ciel? Ne suffit-il pas au moins de se soustraire pour quelques temps aux regards du public? Vaine confiance! On comprend dans les arrestations des jours suivants Dom Etton Larivière, Martial Godez, de Valenciennes, prêtre et capucin, Hubert Pavot, Poix, prêtre et récollet. Tous sont jetés pêle-mêle dans l'église actuelle de Saint-Géry transformée alors en prison. Ils n'ont qu'une nourriture insuffisante et grossière, et manquent même de paille pour se coucher. Semblables aux martyrs des premiers siècles, ces prisonniers employaient leur temps à s'affermir dans la foi, à se préparer à la mort. Dom Etton circulait de groupes en groupes, citant aux prêtres et aux religieux les exemples des apôtres, de saint Etienne, de saint Laurent, qui se réjouissaient d'avoir été trouvés dignes de souffrir pour le nom de Jésus-Christ. Aux religieuses (1), il rappelait le courage sainte Ursule et de ses compagnes martyrisées avec elle ; il leur parlait des vierges de Ptolémaïs…

---

(1) URSULINES.

Les Ursulines avaient été emprisonnées dans l'église de Notre-Dame-de-la-Chaussée. A leur arrivée, les autres détenus s'étaient respectueusement empressés de leur livrer deux pièces fermées, probablement les deux sacristies. Lorsque les cinq premières condamnées à mort revinrent du tribunal et annoncèrent leur sentence, les autres fondirent en larmes. Comme la porte de leur chambre était ouverte, tous les incarcérés virent à distance ce qui se passait et se mirent aussi à pleurer de crainte et d'admiration. Ces saintes martyres ne devaient pas avoir de funérailles après leur mort, elles en eurent de leur vivant. Chacune

Aux laïcs des deux sexes, il montrait saint Sébastien, sainte Agnès, sainte Agathe, sainte Catherine ; il faisait entrevoir à tous le ciel ouvert avec les palmes et la gloire qui les y attendaient Il présentait aux autres et à lui-même leur détention comme une retraite préparatoire à l'entrée du ciel, et leur prison comme le vestibule des palais éternels.

---

d'elles se plaça au moment renversée sur une table, comme agonisante ou morte ; les autres sœurs, agenouillées à l'entour récitèrent cinq fois les prières des agonisants et l'office des morts.

Le lendemain, leur vénérable supérieure, Clotilde Paillot, voyant approcher l'heure de l'exécution, adresse les recommandations, les encouragements et les adieux suivants à ses filles selon Dieu : « Mes filles, on vous appellera peut-être
» encore avant l'exécution ; agissez toujours comme
» vous l'avez fait hier. Dites que, si vous aviez su
» qu'on vous incriminerait pour être rentrées en
» France, vous seriez restées à l'étranger. Mais.
» si l'on vous demande quelque chose contraire à
» la soumission due à Notre Saint-Père le Pape ou
» à vos vœux de religion, résistez. Faites-vous
» gloire, à l'exemple des apôtres, d'être trouvées
» dignes de souffrir pour Jésus-Christ ; mourez en
» dignes filles de sainte Ursule, augmentez le nom-
» bre de ses compagnes, cueillez les mêmes palmes
» qu'elles. Oh ! que je voudrais être condamnée
» avec vous ! Que je brûle de vous accompagner
» à l'échafaud pour vous soutenir dans vos der-
» niers moments et monter au ciel à votre suite !
» Non, je ne me consolerai plus de la vie, que dans
» l'espoir d'encourager vos sœurs à mourir sain-
» tement, et dans celui de partager leur sort ! Je
» verserai mon sang avec bonheur, quand j'aurai
» vu qu'aucune de vous n'aura laissé échapper la
» couronne présentée à vos âmes par notre Mère la
» divine Marie, et par notre divin époux Jésus-Christ »

Un jour, on vint appeler et emmener de ce lieu Larivière, Pavot et Godez, saints prêtres dont nous avons déjà parlé, et avec eux les soldats émigrés Brunet, de Vendegies, Pelsez, de Landrecies, ainsi que Hamel, de Moranges près de Paris, domestique du prince Lambesch. On transféra ces prisonniers à la maison d'arrêt, très rapprochée de la place d'Armes, où ils devaient subir leur interrogatoire devant la commission qui condamna à la peine de mort tous les détenus qu'elle interrogea.

Le père Larivière, puisqu'il était connu à Valenciennes sous ce nom, déclara sans détour qu'il avait émigré, mais seulement pour obéir à la loi qui ordonnait à tous les prêtres insermentés d'abandonner le sol de la patrie. Il ajouta qu'il était resté en France uniquement pour consoler des malheureux réclamant son ministère, et qu'il y était demeuré après le départ des Autrichiens, parce qu'il avait toute confiance en la loyauté du gouvernement républicain.

Que pouvait cette argumentation si simple auprès de vils juges qui allaient envoyer à la mort des couvents entiers de saintes religieuses, parce qu'elles étaient rentrées dans leurs oratoires à la suite des Autrichiens? Du reste, ne fallait-il pas montrer autant de courage que ces juges de Verdun, lesquels savaient bien forcer dix-sept jeunes filles à expier par la mort le crime d'avoir dansé avec les Prussiens? Le père Larivière est donc condamné avec les deux autres prêtres et les trois laïcs que nous venons de citer, à porter sa tête sur l'échafaud: C'était le 12 octobre 1794.

Lorsque à son retour du tribunal, il apprit cette nouvelle aux autres prisonniers, l'assemblée fondit en larmes et se prosterna à ses pieds; lui seul demeura calme et debout au milieu de la foule gémissante. Le reste du temps se passa à réciter des prières, à chanter l'office des morts. Le père Larivière avait inspiré une telle résigna-

tion, une telle sérénité d'âme à ses compagnons
de martyre, que le jour de l'exécution, le père
Pavot ayant récité son office à l'ordinaire, invita
plusieurs personnes à faire avec lui une partie de
cartes. Le jeu durait encore, quand on vint l'appeler pour le conduire à l'échafaud; c'est vrai, dit-
il avec un sublime sang-froid : il faut aller mourir !
*Procedamus in pace, in nomine Domini nostri
Jesu-Christi. Partons en paix au nom de Notre-
Seigneur Jésus-Christ.* Arrivé au pied de l'écha-
laud, Dom Larivière prétend y monter le premier,
fe père Pavot réclame le pas comme le plus âgé;
les autres condamnés supplient Larivière de rester
le dernier pour soutenir leur courage. Il cède, il
continue d'exhorter, d'absoudre, de bénir et d'em-
brasser les mourants à mesure que leur tour arrive.
Puis, quand il a vu le glaive retomber cinq fois,
trancher cinq têtes, comme pour s'essayer à trancher la sixième, il franchit, tout rayonnant et
d'un pas agile, les marches rougies de la guillotine;
il arrive droit sur la fatale plate-forme, il con-
temple d'un œil ferme l'effrayant triangle d'acier
relevé au dessus de sa tête, il reçoit les éclabous-
sures du sang qui en ruisselle écumeux et fumant,
il promène sur la place de larges et lents regards
qu'il élève ensuite de la terre aux cieux avec un
sourire d'ange. On dirait qu'il examine le chemin
que son âme va prendre vers le firmament. Et pour
satisfaire son ardeur d'y arriver, il se hâte d'abandonner son corps au bourreau qui brise les liens de
cette âme et lui ouvre le séjour des bienheureux.

L'abbé BONIFACE.

Cette notice fut rédigée d'après des ouvrages
imprimés et les dépositions de Melle Moreau,

d'Iwuy, laquelle avait très bien connu la famille de Dom Etton. Nous avons aussi consulté Augustine et Catherine Canonne, de Viesly, deux sœurs qui vivaient encore en 1861; et nous avons profité du manuscrit de M. Pontois, parent d'une des victimes de Valenciennes, laquelle se trouvait avec les détenus que nous citons.

Enfin, notre récit fut confirmé le 5 septembre 1861, par M. Clément, secrétaire de la mairie de Valenciennes, qui partagea la captivité de Dom Etton et des religieuses. Il fut présent à leurs préparatifs de mort, et les salua au moment de leur départ pour l'échafaud.

Cambrai.—Typ. de L. CARION, rue de Noyon, 9.

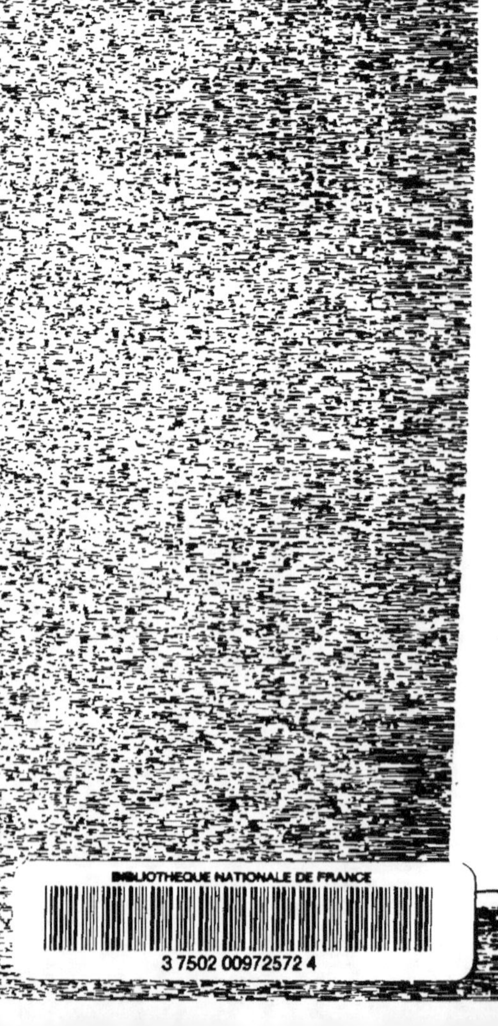